L'ACCOMPAGNEMENT SPIRITUEL

ISBN 2-84024-120-X

Burtin, F-41600 Nouan Le Fuzelier
email : ed.beatitudes@hol.fr
Société des Oeuvres Communautaires, 1998

Illustration de couverture : *Le Bon Berger,* Catacombes de Saint-Calixte, à Rome (IIIème siècle).

Soeur Anne de Jésus

L'ACCOMPAGNEMENT SPIRITUEL

« Petits Traités Spirituels »

Série V « Groupes de prière »

Pneumathèque

INTRODUCTION

Si la plupart des chrétiens admettent, plus ou moins aisément, que la direction spirituelle puisse avoir son intérêt, ne serait-ce qu'à certaines périodes de la vie et pour une catégorie de fidèles, peu vont jusqu'à la considérer comme une nécessité, qui plus est une nécessité pour tous, et à tout moment d'un cheminement spirituel. Et pourtant...

Il est vrai qu'un bon nombre d'*a priori*, de peurs, de questionnements, voire « d'expériences refroidissantes » peuvent nous freiner dans l'accueil de ce don que Dieu désire nous faire. Au long de ces pages, notre propos ne sera pas de convaincre, à force de preuves, de la nécessité d'un accompagnement spirituel, mais de proposer un éclairage sur le vécu de l'accompagnement et ses enjeux.

Il nous semble effectivement bon de nous laisser instruire, rassurer, et pourquoi pas... attirer par cette si grande grâce que le Seigneur met à notre disposition. Une fois certains *a priori* dépassés, ou certains éclaircissements accueillis, beaucoup découvrent la joie et la force que procure une relation d'accompagnement bien vécue. Il serait regrettable que nous en soyons privés par ignorance.

Certains parlent de directeur spirituel, d'autres d'accompagnateur, de guide, ou encore de père spirituel. La plupart de ces expressions s'équivalent (nous mettons à part celle de « père spirituel » lorsqu'elle est prise dans son sens profond). Au cours de ces pages, nous emploierons sans différenciation l'une ou l'autre de ces appellations.

Ce traité ne se veut pas un enseignement magistral. Un tel sujet mériterait d'ailleurs bien davantage qu'un modeste ouvrage. Nous tenterons tout d'abord de percevoir la nécessité de l'accompagnement spirituel. Nous aborderons ensuite les exigences de celui-ci, les dispositions de coeur que le Seigneur aimerait trouver en nous pour que ce don qu'il nous fait puisse porter tous les fruits attendus. Après avoir dit quelques mots du « comment choisir un accompagnateur », nous verrons quelques obstacles ou pièges qui peuvent soit entraver notre croissance, soit la stimuler si nous sommes aidés à bien les traverser. Enfin, nous évoquerons quelques questions pratiques que nous pouvons ou pourrions un jour nous poser quant au vécu concret de l'accompagnement.

Que l'Esprit Saint nous guide tout au long de ces pages et qu'il ouvre les yeux de notre intelligence et de notre coeur à la beauté et à la richesse de sa grâce.

I

L'ACCOMPAGNEMENT SPIRITUEL, UNE NÉCESSITÉ ?

Au dire de certains, il y aurait comme deux catégories de chrétiens : ceux qui, par grâce de Dieu, pourraient se guider eux-mêmes, et ceux qui auraient besoin d'une aide extérieure. Or, il semblerait, au témoignage de certains « maîtres de vie spirituelle », qu'un tel concept ne soit pas très ajusté.

> « *Qui se sibi magistrum constituit, stulto se discipulum facit* : celui qui se constitue son propre maître se fait le disciple d'un sot »
> (Saint Bernard).

> « Hé pourquoi voudrions-nous être maîtres de nous-mêmes pour ce qui regarde l'esprit, puisque nous ne le sommes pas pour ce qui

regarde le corps. Ne savons-nous pas que les médecins, lorsqu'ils sont malades, appellent d'autres médecins pour juger des remèdes qui leur sont propres ? » (Saint François de Sales, *Vie dévote*, III, ch. XXVIII).

« J'ignore ce que les autres pensent d'eux-mêmes à ce sujet ; pour moi je parle d'expérience et je déclare qu'il m'est plus facile et plus sûr de commander à beaucoup d'autres que de me conduire moi-même »
(Saint Bernard, *Epist*. LXXXVII, 7).

Le message est clair... d'autant plus que l'expérience des uns ou des autres confirme ces propos. Il est fréquent qu'une personne dont le discernement soit éclairé pour les autres en soit nettement dépourvue en ce qui la concerne directement. Sans doute y a-t-il en cela une sagesse divine. Cette pédagogie divine n'est pas sans rappeler une parole de Jésus, bien qu'il ne l'ait probablement pas prononcée dans cette intention précise :

« Si un aveugle guide un autre aveugle, tous les deux tomberont dans un trou » (Mt 15, 14).

Nous sommes bien souvent aveuglés sur nous-mêmes. Nous manquons de recul par rapport à ce que nous sommes et vivons. Il ne convient certes pas de prôner ce manque de recul par rapport à soi ou d'en faire l'éloge. Précisons au contraire que l'accompagnement spirituel ne doit en aucun cas dispenser d'une nécessaire croissance dans la connaissance de soi. Il est là pour la favoriser. L'une des « tâches » (peut-être essentielle) de notre guide est justement de nous aider à entrer dans une juste connaissance de nous-mêmes.

Il est absolument nécessaire d'apprendre peu à peu à se connaître soi-même, et donc à poser un certain discernement sur soi. Le Seigneur ne nous demande pas de nous en remettre « bêtement » à l'avis d'un autre, histoire de nous décharger de toute responsabilité personnelle. Le directeur spirituel n'est pas là pour prendre les décisions à notre place, pour nous faire entrer dans un moule, ou nous dicter ce que nous avons à faire.

Ceci dit, l'expérience montre que nous avons besoin des autres pour nous connaître nous-mêmes, et qu'un bon vécu de l'accompagnement spirituel est fort précieux dans ce sens. Cette connaissance de soi est absolument essentielle dans notre vie spirituelle car elle va de pair avec la connaissance de Dieu. Nul ne saurait prétendre connaître Dieu sans passer par une certaine connaissance de lui-même. Notre vie spirituelle consiste à entrer dans une communion d'amour avec notre Seigneur et notre Dieu. Or, qui dit communion, dit relation entre personnes. Si je désire suivre le Christ, et le suivre totalement, il faudra que j'apprenne à me connaître, aussi bien dans mes limites, péchés, faiblesses, que dans les traits de mon tempérament ou de ma psychologie, que dans mes qualités, que dans l'appel et la grâce qu'il fait reposer sur moi, etc. Cela n'a rien à voir avec l'introspection ou le nombrilisme qui, eux, ne risquent guère de me faire avancer.

Thérèse d'Avila écrit : « J'ai perdu bien du temps faute de savoir comment me diriger » (*Vie*, ch. XIV). Un tel aveu devrait nous instruire. Lorsqu'on connaît, ne serait-ce qu'un peu, cette si grande sainte, on ne peut mettre cette « perte de temps » sur le compte d'un manque d'intelligence. On ne peut non plus penser que ce soit par faiblesse de tempérament qu'elle ait accueillie cette nécessité de la direction spirituelle. Non... Thérèse a été instruite par son Dieu à ce sujet. C'est en toute liberté qu'elle s'y est donnée, et qu'elle n'a cessé ensuite d'en prêcher les bienfaits.

Cette croissance dans la connaissance de soi impliquera que nous changions de regard sur nous-mêmes. Cette conversion de regard n'est pas le résultat d'un travail psychologique sur soi, ou d'une longue introspection. Elle est le fruit d'une vie de plus en plus vécue sous le regard aimant de notre Dieu. Cela rejoint ce que certains ont pu appeler « l'amour de soi ». Celui-ci n'a rien à voir avec l'amour propre. Il en est même le contraire. Dieu nous commande de l'aimer de tout notre coeur, de tout notre être, et d'aimer notre prochain comme nous-mêmes. L'amour du prochain inclut cet amour de soi, qui n'est pas spontané et nécessite donc une croissance, un apprentissage : apprendre à se recevoir de Dieu, à se faire miséricorde, à devenir par grâce qui nous sommes.

S'il est un domaine de notre vie spirituelle en lequel l'accompagnement est particulièrement précieux, c'est sans doute celui-ci. Une relation de direction spirituelle (si elle est vécue dans une certaine profondeur) nous aide à nous accueillir nous-mêmes. Cette croissance dans l'amour de soi n'est pas secondaire ou facultative. Sans elle, il est difficile d'entrer plus avant dans une communion d'amour avec Dieu et avec nos frères, or tel est le but de la vie spirituelle.

Il conviendrait également de se pencher quelques instants sur la véritable confiance en soi, qui est elle aussi fort nécessaire pour une croissance en Dieu, et très liée à l'amour de soi. Cette confiance n'a rien d'une assurance, d'une illusion sur soi, ou d'une présomption. Elle consiste à croire en la puissance de la grâce. Cette foi implique une connaissance de nos limites et faiblesses, mais elle va plus loin. La connaissance de notre misère est stérile si elle ne s'accompagne pas d'un accueil de la miséricorde de Dieu, de sa force qui se déploie au sein de nos faiblesses.

Ceci dit, il ne faudrait pas croire qu'une fois un certain degré de connaissance de soi acquis, nous puissions nous passer de l'aide d'un accompagnateur. Il est en effet erroné de penser que la direction spirituelle ne concerne que les « débutants » et qu'il serait louable, voire nécessaire, de parvenir à s'en passer au bout d'un certain temps. En ce cas, nous comprendrions aisément que certains chrétiens ne souhaitent nullement être accompagnés... Or, l'accompagnement spirituel, loin d'être un obstacle à notre croissance, en est un tremplin fort précieux. Le guide spirituel n'est pas là pour nous assister (dans le mauvais sens du terme). Sainte Thérèse d'Avila nous dit en effet :

> « Mon avis a toujours été et sera que tout chrétien doit s'appliquer, quand il le peut, à communiquer avec un guide instruit, et le plus éclairé sera le meilleur. Celui qui suit la voie de l'oraison en a plus besoin que tout autre ; et plus on est avancé dans la spiritualité, plus il faut y avoir recours » (Sainte Thérèse d'Avila, *Vie*, ch. XIII, p. 133).

Qu'il faille par contre apprendre à la vivre de façon de plus en plus « mûrie » et adulte ne fait aucun doute. Selon les étapes de notre vie spirituelle, notre manière d'accueillir les dons de Dieu évolue, heureusement ! La façon dont Dieu s'y prend avec nous est dynamique et peut ainsi changer dans le temps. Quant à la direction spirituelle, l'évolution ne consiste pas à une privation (ou à une dispense, selon la manière dont nous nous situons). Nous tenterons ultérieurement d'entrevoir ce que peut être cette maturation dans le vécu de l'accompagnement.

Une autre erreur consisterait à choisir le Saint-Esprit comme accompagnateur ! Comprenons-nous bien... Il revient effectivement au Saint-Esprit de nous instruire, de nous guider, de nous inspirer. Le directeur spirituel n'évacue ou ne diminue en rien son action. Bien au contraire... Il nous aide à accueillir avec discernement ces inspirations. Mais il convient de rappeler que la vie dans l'Esprit ne saurait dispenser des médiations que le Seigneur nous donne. Ces deux formes de croissance vont pour ainsi dire de pair.

Si l'Esprit nous rend libres (ce qui ne fait aucun doute...), encore faut-il s'entendre sur ce qu'est la véritable attitude de liberté dans l'Esprit. Celle-ci ne saurait être synonyme de quête d'indépendance. La véritable liberté en Dieu est celle des fils et des filles, et on ne peut guère envisager de vie filiale sans confiance, sans obéissance, et donc sans dépendance d'amour à l'égard du Père.

Bien d'autres raisons pourraient être développées quant à l'importance et à la fécondité de l'accompagnement spirituel. Nous ne ferons qu'en évoquer quelques-unes qui nous semblent fondamentales.

La première rejoint le simple bon sens. Les voies spirituelles nous sont parfois obscures. Le manque d'expérience et l'ignorance nous jouent de mauvais tours. L'expérience d'autrui peut donc nous éclairer, nous aider, nous éviter de nous égarer. La vie à la suite du Christ nécessite un certain apprentissage. Autant ne pas le faire seul et bénéficier de l'aide de nos frères, si toutefois nous ne sommes pas trop présomptueux pour vouloir à tout prix nous en passer.

Le second motif est celui de la dimension ecclésiale de tout cheminement vers Dieu. La vie spirituelle, si elle est un cheminement personnel, unique de chacun, n'est cependant pas un parcours individualiste. L'indépendance - à distinguer de la croissance d'autonomie (qu'on nomme le « devenir adulte en Christ ») - est un réel danger de la vie spirituelle. Non seulement, l'indépendance risque de nous conduire à certaines erreurs, mais elle nous isole et nous empêche de croître dans deux dimensions essentielles de notre être devant Dieu : la dimension filiale (dépendance au bon sens du terme) sur laquelle nous reviendrons, et, par voie de conséquence, la dimension fraternelle.

Cet isolement à peine évoqué est toujours un danger. Il le sera cependant bien davantage durant certaines périodes délicates, difficiles, de notre cheminement. Il est des moments où nous aurons particulièrement besoin de l'aide des autres, quelle que soit la forme que prendra cette aide : un conseil, une présence, un encouragement, etc. Être seul dans ces moments-là expose à bien des égarements, et risque de nous faire rebrousser chemin.

Il existe en effet une importante différence entre la solitude et l'isolement. La solitude, celle en laquelle nous rencontrons Dieu, n'est pas une privation de présence : elle consiste à être face à Dieu, et à Dieu seul. Elle ne coupe pas des autres. Elle nous en détache pour mieux nous donner à eux. Cette solitude, qui nous effraie si souvent, n'a rien de négatif.

L'isolement, au contraire, n'a rien de positif. Il n'est pas voulu par Dieu. Il est privation de communion, quelles que soient les raisons de cette privation. L'indépendance peut être l'une de ces raisons. Une personne qui se complaît dans sa propre indépendance, dans son égoïsme, se coupe de son Dieu et de ses frères. C'est ainsi que certains s'accrochent désespérément à une soi-disant liberté, qui n'en est pas une, et se privent d'un bonheur que Dieu voudrait cependant leur donner.

La liberté... celle en laquelle Dieu désire nous faire grandir, combien nous avons du mal à en saisir les modalités ! Nous associons si aisément liberté et volonté propre, liberté et absence de contraintes. Nous craignons également cette sorte de pouvoir que quiconque aurait sur nous. Or, un guide spirituel n'a aucun pouvoir sur nous. Si nous entrons dans une dimension d'obéissance à son égard, ce n'est certes pas pour qu'il ait une mainmise sur nous. L'obéissance n'est pas un esclavage ou une aliénation. Elle est un choix libre. On choisit d'obéir, de se soumettre, et on sait pourquoi...

Il existe une autre raison pour entrer de plein coeur dans l'accueil d'un accompagnement spirituel. Nous pourrions l'appeler la « loi d'incarnation ». Il est très louable d'avoir de grands désirs pour Dieu, encore faut-il les incarner. Or, la direction spirituelle nous aide dans ce domaine pour deux raisons.

Tout d'abord, le vécu d'un accompagnement est en lui-même, et par sa dimension d'ouverture d'âme, de confiance concrétisée, d'obéissance, un très bon exercice pratique ! Mais ce n'est pas tout...

Dans un partage avec notre guide, nous bénéficions de conseils adaptés à ce que nous sommes. Pour concrétiser tel ou tel désir que nous avons au coeur, il ne suffit pas de lire tous les manuels de vie spirituelle. Chaque être est unique, et les voies de Dieu sont différentes pour chacun. Une personne qui nous connaît peut nous donner des conseils ajustés à notre situation, à ce que nous vivons, à ce que nous sommes. Cela est fort précieux pour une croissance spirituelle.

Nul ne peut se guider soi-même... et, qui plus est : Dieu aime passer par des médiations.

> « Dieu aime tant à voir l'homme gouverné et dirigé par un autre homme semblable à lui, et selon la raison naturelle, qu'il veut absolument que ce qu'il nous communique surnaturellement nous ne le donnions à comprendre, ou nous n'y donnions entière créance, ou n'ait de force et de sécurité en nous, qu'après avoir passé par ce canal humain de la bouche de l'homme. Chaque fois qu'il dit ou révèle quelque chose à l'âme, il le fait en inclinant cette âme à s'en rapporter à qui il convient. Jusqu'alors il n'a pas coutume de lui donner une pleine assurance sur la révélation ; il veut que l'homme la reçoive d'un autre homme semblable à lui » (Saint Jean de la Croix, *Montée du Carmel*, Liv. II, ch. XX, p. 237).

« Il le fait en inclinant cette âme »... nous dit Jean de la Croix. Dieu ne nous force pas, il nous invite, il frappe à la porte de nos coeurs. L'une des marques de sa présence en nos coeurs est justement cette inclination, ce désir de nous en remettre jusque dans le concret à sa sainte Providence. Demandons à l'Esprit de creuser ce désir en chacun de nos coeurs.

II

EXIGENCES

DE L'ACCOMPAGNEMENT SPIRITUEL

Dans l'Évangile, une parole de Jésus pourrait fort bien s'appliquer à ce chapitre abordant les exigences de l'accompagnement spirituel :

> *« Entrez par la porte étroite. Large, en effet, et spacieux est le chemin qui mène à la perdition, et il en est beaucoup qui s'y engagent ; mais étroite est la porte et resserré le chemin qui mène à la Vie, et il en est peu qui le trouvent »* (Mt 7, 13-14).

Cette parole, parmi tant d'autres, exprime les exigences d'une vie à la suite du Christ. Ces exigences, loin d'être un fardeau pour celui qui les embrasse, deviennent au contraire, en toute sa vie, une source de grande joie. Nul doute que ce chemin étroit conduise au bonheur, dès cette terre, mais ce n'est pas un bonheur « facile ». Il demande que nous nous dépouillions du vieil homme, pour nous laisser revêtir de l'homme nouveau.

L'accompagnement spirituel favorise grandement l'entrée dans ce chemin de croissance. Nous en avons déjà abordé l'utilité, voire la nécessité. Essayons à présent de voir quelques exigences en lesquelles nous sommes invités à entrer, pour que ce précieux cadeau que Dieu nous fait puisse porter tout son fruit.

Disons d'emblée que les quelques attitudes de fond que nous allons aborder ne sont jamais acquises. Il s'agit d'y tendre, de les désirer et également de les décider. Car, si rien ne se fait sans la grâce de Dieu, notre Dieu aime à ne rien faire en nous sans notre collaboration.

La première disposition de coeur que le Seigneur aimerait trouver en nous, c'est justement cette détermination. Le Christ ne nous oblige pas à le suivre radicalement. S'il nous le propose, c'est pour notre bien. Aussi celui qui ne désirerait pas avancer dans sa vie spirituelle mais chercherait plutôt un rythme de croisière, est libre de ce choix, mais il ferait mieux de ne pas demander d'accompagnement spirituel. La nécessité d'un accompagnement spirituel n'est réelle que pour celui qui a décidé de mettre Jésus à la première place. Au-delà (et au travers) de toutes nos incapacités, faiblesses, limites et inconversions, cette ferme résolution du coeur est d'un poids considérable. Elle est l'une des dispositions de coeur indispensables pour envisager de bénéficier de l'aide d'un guide spirituel.

Il convient également d'enclencher avec l'accompagnateur une relation fondée sur une ouverture d'âme réelle. Celle-ci ne va pas forcément de soi. Il n'est pas aisé de se confier à quelqu'un, surtout dans certaines dimensions de notre existence, ou certaines tendances ou composantes plutôt négatives de notre personne. Cependant, cette transparence et cette vérité sont absolument nécessaires... même si elles sont le fruit d'un combat.

> « Traitez avec lui (le directeur) à coeur ouvert, en toute sincérité et fidélité, lui manifestant clairement votre bien et votre mal, sans feinte ni dissimulation... ayez en lui une extrême confiance mêlée d'une sacrée révérence, en sorte que la révérence ne diminue point la confiance et que la confiance

n'empêche point la révérence » (Saint François de Sales, *Vie dévote*, III, ch. IV).

La fécondité d'une relation d'accompagnement dépend en grande partie, en ce qui nous concerne, de la confiance que nous accordons ou pas à Dieu, et plus précisément à sa présence dans et par cette médiation qu'il nous donne. Mais qu'entendons-nous par confiance ?

Il est assez fréquent que nous ayons une conception erronée de ce qu'est la véritable confiance. On a parfois l'impression que la confiance devrait aller de soi, qu'elle est un sentiment suave, un élan spontané du coeur (plus ou moins « naturel » selon les personnes). Cela est absolument faux ! La confiance est forcément l'objet d'un combat... même lorsque Dieu nous en fait la grâce. Notre nature, marquée par le péché, fait que nous portons en nous bien des peurs et des blessures qui ne manqueront pas de « mordre » cette confiance que nous avons et voulons avoir en Dieu, en son Église, en telle personne que le Seigneur nous donne...

Dans une relation de direction spirituelle, ce combat sera forcément plus marqué car les enjeux sont plus intenses. Lorsque la communion se fait plus forte avec quelqu'un, ce que nous sommes se manifeste également davantage : nous sommes comme « mis à nu ». Et, quel que soit notre désir (espérons-le intense) d'entrer dans une confiance radicale en Dieu, cette confiance est souvent bien altérée et se manifeste comme telle.

Ne nous inquiétons donc pas de ces doutes, difficultés, peurs, qui pourraient intervenir dans notre vie spirituelle, et dans notre désir de nous ouvrir à quelqu'un. L'important n'est pas de sentir que nous avons confiance. Ce que le Seigneur nous demande, c'est de savoir ce que nous voulons, et d'agir en conséquence. Quels que soient les doutes, peurs, qui nous habitent, gardons le cap de la confiance, de la vérité, suppliant le Seigneur de répandre en nos coeurs son Esprit de confiance filiale. Il est vrai que la confiance filiale est un don de Dieu, mais celui-ci ne se reçoit pas passivement. Il ne se pose pas en un terrain neutre. Il convient donc que nous manifestions au Seigneur notre désir d'être introduits en cette confiance et cette intimité des fils et filles de Dieu.

Il ne s'agit bien sûr pas d'avoir confiance en telle personne, point final ! Nous ne pouvons faire confiance à notre guide que dans la mesure où nous croyons qu'il nous est donné par Dieu, et c'est ainsi à Dieu lui-même que nous manifestons notre confiance. La foi « directe » en Dieu est donc absolument nécessaire pour un bon vécu de la direction spirituelle.

Foi en Dieu, foi en sa Providence, en sa bienveillance paternelle. Croire que nous sommes en sa main, que tout événement qui nous arrive est voulu, ou du moins permis par lui. Croire que rien de ce que nous sommes ou vivons ne lui échappe. Croire qu'il nous parle... par les événements, par les personnes. Cette foi en Dieu est d'une importance capitale. Nous y reviendrons ultérieurement. Sans elle, la confiance dans les autres, et particulièrement en telle ou telle personne, reste une confiance bien immature et humaine. Or, le Seigneur désire nous entraîner beaucoup plus loin...

Précisons également que l'accompagnateur n'est pas là « seulement » pour nous écouter. Ce propos ne veut nullement dévaloriser la dimension d'écoute. Celle-ci est d'une grande valeur aux yeux de Dieu... et il peut arriver à certaines personnes de ne pas avoir un désir réel d'accompagnement spirituel, mais d'avoir besoin d'une écoute de compassion. Cela se respecte profondément.

Cette dimension d'écoute a d'ailleurs une grande part dans la relation d'accompagnement spirituel. Un guide spirituel qui ne sait pas écouter est un « mauvais » guide spirituel ; mais un guide spirituel qui ne sait qu'écouter est également un « mauvais » guide spirituel !

Du côté de la personne qui est accompagnée, cette précision a une grande importance. Lorsque nous partageons telle ou telle chose avec notre accompagnateur, ce n'est pas seulement pour l'en informer, ou parce que cela nous fait du bien de le dire à quelqu'un, qui plus est à quelqu'un dont nous savons qu'il nous écoute vraiment. Il pourra arriver que l'accompagnateur n'ait rien à nous dire, aucune réponse à nous donner... Mais telle n'est pas la règle générale.

De manière habituelle, un conseil (ou plusieurs) suit ce temps de partage et d'écoute. Cette dimension de conseil est capitale dans l'accompagnement. Elle n'est que le second mouvement, dans la mesure où on ne peut conseiller de manière personnelle et féconde que quelqu'un que l'on a auparavant écouté et que l'on connaît... Cette connaissance se puise non seulement dans les partages verbaux, mais également dans une connaissance des voies de Dieu, et dans une écoute du coeur, dans le fait aussi de porter la personne qui nous est confiée dans notre prière.

Du côté de la personne qui est accompagnée, il conviendra ensuite qu'elle écoute les conseils reçus... cela va de soi, car sinon, à quoi bon en demander ! L'application de ces conseils est une manière de manifester concrètement au Seigneur la confiance que nous lui faisons, et notre désir d'entrer de plein coeur dans sa volonté. Cela rejoint une certaine forme de soumission, voire d'obéissance.

L'obéissance, parlons-en ! Ce mot n'est pas sans effrayer certains, et lorsqu'il est mal compris, lorsqu'il n'est pas reçu dans son sens profond et vécu d'une façon ajustée, et il y a effectivement de quoi frémir, voire de quoi partir en courant ! Mais la véritable obéissance, celle que l'Esprit désire susciter en nous, n'a rien d'effrayant... elle peut même devenir désirable.

Obéir à quelqu'un, par amour de Dieu, n'a tout d'abord rien d'aliénant. Encore faut-il que la personne à laquelle nous obéissons soit « digne » de cette obéissance. Nous reviendrons dans le prochain chapitre sur cette « dignité », qu'il s'agit de bien comprendre. Il est vrai que nous ne pouvons et devons obéir à « n'importe qui ». L'obéissance est un choix libre, qui ne se fait pas à la légère. Loin de nous priver de notre liberté, elle nous aide à la vivre d'une façon adulte et filiale.

La véritable obéissance, dans la mesure où elle se vit dans un élan et sur une base de confiance, épanouit l'âme. Cet élan n'exclut pas la nécessité de « faire des efforts ». Selon les natures, ces efforts auront à être plus ou moins déployés. Il s'agit d'un apprentissage. Au départ, l'obéissance peut apparaître comme une ascèse, et pas des moindres. Le tout est que nous en saisissions le sens, et la vivions comme un chemin de croissance, non comme une obligation, un devoir, une règle morale. Une obéissance trop infantile, militaire, légaliste ou vécue dans la peur, ne saurait dilater l'âme dans la confiance et la liberté.

Mais une fois cela dit, il convient que cette obéissance soit vécue dans une certaine radicalité. Cette radicalité ne peut justement s'envisager que si la personne à laquelle nous obéissons est sûre et si nous savons le sens profond de « notre » obéissance.

Comme autre disposition de coeur, il convient de dire deux mots de la fidélité. Une fois que nous avons choisi un accompagnateur, il est important de ne pas en changer pour n'importe quel motif. Nous avons déjà souligné le fait qu'une telle relation (comme toute réelle relation de communion) ne peut aller sans difficultés, obstacles à dépasser, tentations, etc. Il s'agit donc pour nous de demeurer fidèles au don de Dieu. Il peut y avoir des circonstances valables pour envisager de cesser une relation d'accompagnement, mais encore faut-il poser un bon discernement sur les plus ou moins « bonnes raisons » qui nous font envisager ce changement. Nous en dirons quelques mots ultérieurement.

III

CHOIX

DU DIRECTEUR SPIRITUEL

Le choix du directeur spirituel revêt une grande importance. De nombreux saints insistent sur cette importance. Le bon sens nous indique d'ailleurs qu'il s'impose de se pencher sur la question ! Saint François de Sales va jusqu'à dire qu'il ne convient pas de le choisir entre mille mais entre dix mille... Il ne faudrait donc nullement le faire à l'aveuglette, sous prétexte de confiance et d'abandon dans les mains de Dieu.

> « Je ne crains pas de le dire, une âme qui veut se soumettre à un seul guide commet une grande faute en ne le choisissant pas tel que je l'ai présenté (...). Je dis même qu'elle fera bien de demeurer sans guide, tant qu'elle

> n'aura pas trouvé celui qui lui convient. Le Seigneur le lui donnera si elle est profondément humble et désireuse de le trouver » (Sainte Thérèse d'Avila, *Vie*, ch. XIII).

Il est vrai qu'il arrive parfois que le Seigneur mette sur notre route quelqu'un, dont nous pressentons bien qu'il pourrait devenir notre guide spirituel, voire que le Bon Dieu semble nous le donner comme tel. Il est alors souhaitable de savoir reconnaître l'oeuvre de la Providence divine, et de l'accueillir en toute confiance, celle-ci n'excluant pas la prudence et le bon sens, cela va de soi...

Si personne ne semble se profiler à l'horizon, il faut avant tout prier... Un tel besoin ne saurait laisser le Seigneur indifférent, mais encore faut-il que nous le lui demandions, et que nous persévérions dans cette demande. Pour que cette demande soit cohérente, il faudra tout d'abord avoir examiné les motivations de notre coeur, ses désirs, comme nous l'avons précédemment vu.

Avant d'aborder quelques points de repère qui nous aiderons à bien choisir notre guide spirituel, il nous semble bon de préciser en fonction de quoi il ne faut pas le choisir. En effet, ce choix ne doit pas se faire selon des critères seulement humains, ou en fonction de schémas que nous aurions.

Celui que le Seigneur souhaite nous donner comme guide n'est pas forcément quelqu'un que nous connaissons d'ores et déjà. Il arrive que des personnes en recherche d'accompagnateur ne se tournent que vers des personnes de leur entourage (au sens large du terme), car, disent-elles, « il est important que la personne qui m'accompagne me connaisse, et que je la connaisse ». Une telle vision des choses rétrécit considérablement les possibilités de direction spirituelle. Il est tout à fait possible que le Seigneur nous donne comme guide une personne que nous ne connaissons pas encore. La connaissance mutuelle viendra... voire, elle est l'une des priorités, mais elle n'est pas forcément antérieure au choix de notre accompagnateur.

Un accompagnateur ne doit pas non plus être choisi en fonction d'affinités naturelles que nous aurions à son égard. Il est vrai que cela peut « aider », comme on dit : nous sommes incarnés ! Mais faire de ces affinités un critère de choix serait une erreur. La communion que Dieu donne entre des personnes peut aller au-delà de certaines difficultés ou réticences naturelles. L'important est que nous sachions accueillir le don de Dieu tel qu'il nous est fait, avec ou sans affinités. Il est des guides spirituels qui sont largement pourvus de la grâce de Dieu pour ce ministère, alors que leurs apparences, ou leur tempérament, ne sont pas des plus « attirants ». N'enfermons donc pas la grâce de Dieu !

La question d'âge et d'expérience humaine sont aussi souvent prônées comme critères. Il convient d'en dire deux mots. Certains trouvent « humiliant » de se confier à plus jeune qu'eux. Ils voudraient aussi que leur futur accompagnateur ait une grande expérience humaine, voire qu'il ait « tout » vécu, ou du moins tout ce qu'eux-mêmes ont vécu. « Comment, pensent-ils, comprendre quelqu'un si nous n'avons pas vécu ce que lui-même a vécu. Comment donner des conseils à une personne ayant dix, vingt ans de plus que nous ! »

Il est erroné de voir les choses ainsi. La maturité humaine de l'accompagnateur a certes de l'importance. Son discernement ne dépend par contre pas de ce qu'il a vécu, mais de la façon dont il pose son regard sur les êtres, les relations, sur Dieu et ses façons d'agir. Il y a effectivement une question de maturité, mais pas au sens où nous l'entendons parfois.

Quant à la question d'âge, il en est de même. L'important n'est pas en soi le nombre des années.

Enfin, certains posent la question suivante : « En tant que femme, est-il ou pas normal que ce soit une femme qui m'accompagne ? » ou encore : « Puisque je suis mariée, n'est-ce pas préférable que je sois accompagnée par une personne mariée ? » Il n'y a, dans ce domaine, aucune règle générale. Selon la manière dont nous sommes « constitués », il sera préférable pour nous d'être ou de ne pas être accompagnés par une personne du même sexe. Quant à l'état de vie, le tout est que la personne qui nous accompagne soit « sensible », ouverte et éclairée sur ce qu'est notre état de vie. Une personne consacrée peut accompagner une personne mariée, et vice versa. Là encore, il s'agit de ne pas enfermer la grâce de Dieu dans de petites boîtes à notre mesure...

Précisons également, même si cela semble être devenu relativement clair dans les esprits, que le ministère d'accompagnement spirituel n'est pas réservé aux prêtres. Certains laïcs font de l'accompagnement et le font bien... Il est donc important de bien différencier la confession de la direction spirituelle. Ce sont deux choses bien distinctes. Essayons d'en dire deux mots.

Lorsque nous nous confessons, le prêtre, après avoir pardonné tous nos péchés au nom du Christ, peut nous donner des conseils liés au péché que nous avons confessé. Si ce prêtre n'a pas auprès de nous un ministère de direction spirituelle, et qui plus est si nous avons par ailleurs un guide spirituel, la dimension de conseil s'arrêtera là. Si, avec d'ailleurs de bonnes intentions, le prêtre nous donnait des conseils autres, il serait sage d'en parler ensuite à notre accompagnateur et de revoir la question avec lui.

Notre propos n'est nullement de déprécier le rôle du prêtre ou de la confession, mais de bien distinguer les divers dons de Dieu. Lorsque le confesseur est en même temps notre guide, il en va bien sûr autrement. Il n'y a pas de solution meilleure qu'une autre, le tout est que nous sachions accueillir la grâce de Dieu suivant les divers biais qu'elle prend.

Le partage avec notre guide spirituel peut, par contre, comprendre une forme de mise en lumière de nos péchés. Nous pourrons également recevoir des conseils pour notre sanctification personnelle, mais cela ne saurait bien sûr pas remplacer la grâce du sacrement de réconciliation en lequel nous recevons le pardon de Dieu, et une force nouvelle pour cheminer vers lui.

Venons-en, brièvement, aux « qualités » du directeur spirituel, ou plus exactement aux quelques critères que nous pouvons nous donner pour ne pas nous tromper dans le choix de celui-ci. Il est délicat de donner ces points de repère, tant il n'y a pas de guide spirituel type, ni de « diplôme » d'accompagnement. Mais il est vrai que tout chrétien n'est pas appelé à faire de la direction spirituelle car il s'agit bien d'un appel, qui implique donc une « grâce d'état » venant de Dieu. L'accompagnateur spirituel est un serviteur, un instrument de la grâce de Dieu auprès d'une ou plusieurs âmes qui lui sont confiées.

Il faut que le guide spirituel soit tout d'abord une personne de prière. Ce n'est en effet que dans une vie de prière, d'intimité avec Dieu, que nous pouvons puiser la grâce nécessaire pour porter et aider une personne qui nous est confiée. Rien ne se fait sans prière... et un accompagnement spirituel qui ne serait pas vécu dans un tel climat risquerait fort d'être stérile, voire pire...

Faisons une remarque, même si cela devrait aller de soi : un guide spirituel se « doit » d'être d'Église.

Une personne qui serait quelque peu en marge d'une vie ecclésiale, qui contesterait une partie de ce que l'Église enseigne, qui ne serait pas soucieuse de la croissance et de l'unité de son Église ne saurait nous proposer un « bon » accompagnement.

Troisième critère, et non des moindres : le discernement. Les saints, particulièrement peut-être les saints du Carmel, tels que Thérèse d'Avila et Jean de la Croix, ne se lassent pas d'insister sur cet aspect. Un directeur qui manquerait (trop) de prudence, de sagesse, ne saurait aider une âme à entrer dans les voies de Dieu. Or, tel est son rôle principal.

Écoutons, à ce sujet, sainte Thérèse d'Avila :

> « Celui qui commence doit bien examiner ce en quoi il profite davantage. Pour cela un maître lui est nécessaire, pourvu qu'il ait de l'expérience. Si le maître n'est pas tel, il peut commettre beaucoup d'erreurs. Il conduira l'âme sans la comprendre et sans lui permettre de se comprendre elle-même ; et cette âme, connaissant les grands mérites qu'il y a à obéir au directeur, n'osera pas sortir de la voie qui lui est prescrite. J'ai rencontré de ces âmes qui étaient dans le trouble et

l'affliction à cause de l'inexpérience de leur directeur. Elles me faisaient pitié. J'en ai vu une en particulier qui ne savait plus que devenir. Quand un directeur ne comprend pas ces choses spirituelles, il afflige tout à la fois l'âme et le corps ; il arrête tout progrès » (*Vie*, ch. XIII, p. 130-131).

Nous pourrions retirer bon nombre d'enseignements de ce texte. La « Madre » sait de quoi elle parle, puisqu'elle-même a souffert durant plusieurs années de ne point trouver un directeur spirituel qui la comprenne.

Lorsque Thérèse d'Avila nous parle d'expérience, il nous faut bien comprendre ce qu'elle entend par là. Il ne s'agit pas d'une simple expérience humaine, telle que nous pourrions l'envisager. L'expérience humaine a certes toute sa valeur, mais celle-ci ne dépend pas du nombre d'expériences que nous avons faites, mais de la croissance que nous en avons retirée.

Une telle expérience doit se doubler d'une connaissance expérimentale des voies de Dieu. Il ne suffit guère de connaître intellectuellement le comment Dieu s'y prend, d'avoir lu tous les livres, et de savoir bien parler des choses de Dieu. Cette connaissance est précieuse, et nullement à négliger, mais il convient qu'elle s'accompagne d'un véritable cheminement spirituel par lequel on apprend à connaître « le caractère du Bon Dieu », selon la si belle expression de sainte Thérèse de l'Enfant-Jésus et de la Sainte Face.

L'oeuvre de Dieu en une âme est tellement délicate, unique, et parfois surprenante que nous ne saurions la pressentir si nous-mêmes n'avons pas appris à nous laisser visiter par Dieu. Rien ne saurait remplacer ce vécu. Celui-ci est cependant unique, et ne saurait être « plaqué » sur une âme dont nous avons soin.

Précisons encore un point tout simple et terre à terre, et cependant important. Veillons à ce que le guide que nous choisissons soit disposé à nous aider, certes, mais qu'il en ait le temps ! Il arrive parfois de rencontrer des personnes qui « souffrent » du manque de disponibilité de leur guide. Imaginez la situation : attendre deux à trois mois avant de pouvoir prendre rendez-vous, et durant l'entretien qui ne peut durer qu'une demi-heure, on est dérangé deux fois par le téléphone, et une fois par quelqu'un qui frappe à la porte... La situation que nous décrivons est volontairement exagérée. Comprenons simplement que le fait d'accompagner quelqu'un demande du temps, de l'énergie, du coeur...

Il ne s'agit pas, bien sûr, d'être trop exigeant. Un guide spirituel n'est pas disponible vingt-quatre heures sur vingt-quatre. Il ne pourra pas forcément nous accorder un moment dès que nous le demanderons. Il pourra même lui arriver de nous faire volontairement attendre, pour notre bien.

Dernière « qualité » du directeur spirituel, et qui semble aller de soi : la discrétion. Celle-ci est bien évidemment capitale. Sans elle, comment pourrions-nous faire confiance à quelqu'un ? Écoutons, une fois encore, ce que dit Thérèse d'Avila :

> « Il faut leur recommander le plus grand secret, et le garder soi-même comme il convient. Je fais cette recommandation car j'ai eu beaucoup à souffrir de ce que plusieurs personnes, auxquelles j'avais parlé de mon oraison, n'ont pas gardé le secret ; elles s'en entretenaient entre elles dans un but louable, sans doute, mais elles m'ont causé un tort considérable » (Sainte Thérèse d'Avila, *Vie*, ch. XXIII).

Pour conclure, laissons la parole à saint Jean de la Croix, qui nous sensibilise au « poids » de la direction spirituelle sur une âme :

> « Il est difficile de dire comment l'esprit du disciple se forme d'une manière secrète et intime sur le modèle de son maître spirituel » (Saint Jean de la Croix, *Montée du Carmel*, Liv. II, ch. XVI).

IV

QUELQUES PIÈGES

À ÉVITER

Rubrique fort intéressante, non pour nous décourager par avance, mais pour nous rassurer lorsque nous serons confrontés à telle ou telle tentation « classique » envers notre accompagnateur, et pour nous éviter de nous laisser prendre inutilement dans des pièges que le Tentateur ou notre chair voudraient nous tendre.

Nous l'avons vu, grands sont les enjeux de l'accompagnement spirituel, et il semble qu'il y ait une sorte de proportion entre les enjeux et les obstacles ou contrariétés rencontrées. Mieux vaut donc en être prévenu, afin d'être plus fort dans le combat, et le vivre dans l'espérance, c'est-à-dire tel que Dieu nous le donne.

Un de ces pièges consiste à refuser que notre guide spirituel ne soit « qu'un homme », c'est-à-dire qu'il ait ses défauts, ses traits de tempérament, voire ses péchés. Il n'existe pas de guide spirituel idéal ou parfait. Sans doute aurons-nous parfois l'impression que telle personne, qui ne nous accompagne pas, le ferait mieux que celle qui nous accompagne. Peut-être penserons-nous également qu'avant de conseiller les autres, il faut se convertir soi-même, ou que « l'hôpital se moque de l'infirmerie ! »

Prenons un exemple très concret pour nous aider à comprendre. Imaginons que mon guide spirituel me dise : « Mon cher Paul (ou ma chère Juliette !), il serait sans doute bon que tu grandisses dans la douceur. Non seulement ce n'est pas ton « fort », mais il semblerait que le Seigneur désire t'y faire grandir en ces temps ». Et mon directeur spirituel de me donner des consignes bien précises, de m'exhorter, de me « secouer » ou de m'encourager, selon ce que le Seigneur lui inspire... Seulement, voyez-vous, mon guide spirituel et la douceur, ça fait deux, si ce n'est trois ! Alors, me dis-je...

Il n'est sans doute pas besoin de brosser davantage le tableau... Seulement, le Seigneur ne voit pas les choses ainsi. Un guide spirituel, s'il vit son ministère comme un service, ne nous demandera pas « de haut » de changer. Il ne réclame certes pas de nous que nous devenions comme lui. Et si le Seigneur lui met au coeur quelque chose pour nous, la question n'est pas de savoir si lui la vit ou pas. Le guide spirituel ne doit justement pas projeter sa vie spirituelle sur la nôtre, mais nous aider à entrer dans les voies de Dieu pour nous, dans sa Sagesse.

De plus, si ce guide est « honnête » et chemine lui-même vers Dieu, ce qui est sans doute le cas, il se passerait volontiers de réclamer de nous ce qu'il ne parvient pas à vivre. Cela peut même être humiliant pour lui. Mais ce qui lui importe n'est pas là : son souci est de nous faire grandir.

C'est également ici qu'intervient à nouveau la foi « directe » en Jésus-Christ que nous avons déjà abordée. Ce n'est que grâce à cette foi que nous pouvons accepter pleinement « l'humanité » de notre guide spirituel. Le Seigneur sait ce qu'il fait lorsqu'il choisit tel ou tel pour nous aider. Il fait tout concourir au bien de ceux qui l'aiment, nous dit l'Écriture. Ayons foi en cela, sans y mettre aucune exception.

« Mais, diront certains, nul n'est infaillible. Et si mon guide spirituel se trompait ? » Et cette question est pour beaucoup une occasion de chute... Comme nul n'est infaillible (effectivement), mieux vaut (pensent-ils) se fier à ce que nous sentons, pensons, à nos impressions, à nos idées, à nos goûts, plutôt que d'écouter ce que notre accompagnateur nous dit.

Immense piège de la relation d'accompagnement ! Le piège n'est pas de penser que notre guide spirituel puisse se tromper, cela est vrai. L'erreur est de croire qu'il faille pour autant ne pas l'écouter. Cela va très loin... et nous permet de toucher du doigt, ne serait-ce qu'un peu, la folie de l'amour de Dieu dans son mystère d'Incarnation.

De tels propos ne nous invitent pas à une obéissance « bête », infantile, ou à une insouciance irresponsable. Une telle attitude, néfaste, nous ferait par exemple dire : « Je fais ceci ou cela parce que mon guide me l'a demandé. Je ne cherche pas à comprendre. Je ne suis pas d'accord mais je me tais ; j'obéis. Je ne cherche pas à connaître les voies de Dieu pour moi, etc. »

Ce n'est pas cela que le Seigneur nous demande. Dans une véritable relation d'accompagnement, on peut, voire il est fortement conseillé, d'exprimer nos interrogations, nos incompréhensions, nos réticences, mais aussi nos désirs, nos avis... Le tout est de le faire en ayant par avance décidé d'entendre ce qui nous sera dit, même si cela nous dérange, nous étonne... et cela ne peut se vivre que dans la confiance en Dieu.

Soit Dieu est Dieu, soit... et s'il est Dieu, s'il est Père, il ne permettra jamais que l'un de ses enfants encoure un danger pour avoir voulu obéir. Il ne peut pas en être ainsi. Le risque n'est donc pas d'être trop obéissant, mais de ne pas l'être assez.

Voici une autre citation de Thérèse d'Avila qui en dit long :

> « Notre Seigneur me commandait parfois à l'oraison une chose, tandis que le confesseur (à prendre ici au sens de directeur) m'en commandait une autre ; mais Il ne manquait jamais de me dire de nouveau que je devais obéir au confesseur (directeur) ; et Lui-même se chargeait ensuite de changer les dispositions de son âme et l'amenait à me commander la même chose que Lui » (Sainte Thérèse d'Avila, *Vie*, ch. XXVI).

Il existe une seule situation dans laquelle il est absolument péremptoire de... désobéir : s'il advenait que mon guide spirituel me demande quelque chose qui conduise au péché, ou qui aille à l'encontre de ma conscience. A vrai dire, cela ne devrait pas arriver, mais dans le cas extrême, mieux vaut envisager l'éventualité.

La conscience est cette « instance » profonde, intime et personnelle, qui nous permet de discerner le bien du mal. Mais cette conscience est plus ou moins éclairée et affinée. Il nous revient de travailler à son éducation, avec le secours du Saint-Esprit, afin qu'elle devienne de plus en plus ajustée. Cette éducation se fait par différents moyens, dont une certaine formation (lecture de la Parole de Dieu, connaissance et accueil de l'enseignement de l'Église, etc.) et une écoute de plus en plus attentive de l'Esprit, dans un souci de connaître et de suivre la volonté divine.

S'il advenait que notre conscience soit objectivement troublée ou heurtée par une demande de notre accompagnateur, c'est alors qu'intervient le fameux devoir de désobéissance. Le tout est de ne pas se réfugier derrière un soi-disant trouble de la conscience pour refuser d'obéir, pour fuir une exigence qui nous déplairait. A nous d'y être attentifs et vigilants...

Cette parenthèse souligne, une fois encore, l'importance de la transparence envers l'accompagnateur. Ce dernier nous y invitera régulièrement si besoin est. Elle est capitale. N'hésitons jamais à lui dire ce que nous vivons, pensons, ressentons. Puis, accueillons de tout coeur ce que Dieu voudra nous dire à travers lui, qui n'est « qu'un homme », mais en lequel le Seigneur a déposé une grâce pour nous.

Une autre tentation classique dans le vécu de l'accompagnement : ne pas écouter notre accompagnateur car nous nous sentons incompris. Dans une telle situation, la première consigne est de partager en toute simplicité ce sentiment à notre guide, lui réexpliquant ce que nous avons souhaité lui partager. Cette dimension de partage est capitale.

Si malgré ce partage, le sentiment demeure, ne nous fions pas à lui, et privilégions une écoute confiante du conseil reçu. Un tel sentiment est subjectif et il convient de ne pas trop en tenir compte. Il est également piégé. Parfois nous nous sentons ou disons incompris lorsque les conseils reçus se font exigeants, dérangeants. Nous aurions attendu de notre directeur spirituel une parole d'encouragement, de consolation, et recevons de lui une ferme exhortation. Cela peut entraîner un sentiment d'incompréhension.

Nous serons aussi parfois tentés de nous fier davantage à nos opinions, à nos points de vue, plutôt qu'à l'avis de notre guide. Rappelons-nous toujours que la question n'est pas ici de savoir qui a tort ou raison. Les entretiens spirituels ne doivent jamais devenir une sorte de débat où nous voudrions avoir le dernier mot, où il faudrait comme défendre son avis. Ce n'est pas ainsi qu'il convient de vivre les choses.

Le guide spirituel n'est pas celui qui a toujours raison, celui qui sait tout, qui nous écrase de sa supériorité. Il est là pour nous aider, pour nous faire entrer dans la sagesse divine. Si le « dernier mot » lui revient, ce n'est pas dans le sens habituel de l'expression. Il ne détient pas la vérité, comme si elle lui appartenait. Mais il est mandaté par Dieu auprès de nous.

Cet accueil implique de ne pas « trier » les conseils reçus. Nous ne garderions que ceux qui nous dérangent le moins, vont dans notre sens, sont à peu près à notre portée...

Une erreur qui va dans le même sens : chercher des conseils plus arrangeants ailleurs ! Ceci est parfaitement redoutable et nuit radicalement à notre croissance spirituelle. Cela pourrait aussi attrister le coeur de notre Dieu. Lorsque notre guide nous demande quelque chose qui nous déplaît, qui nous dérange, qui nous bouscule, n'allons pas chercher chez un tel, fût-il rempli de sagesse, un conseil qui aille mieux dans notre sens.

Certains demandent aussi s'il peut arriver de devoir changer de guide spirituel. La question est délicate tant les cas de figure sont variés. Cela peut effectivement arriver... le tout est de poser un bon discernement sur la situation que nous vivons, et de nous faire aider par une tierce personne si besoin est.

Si nous voulons changer d'accompagnateur, commençons par prier pour voir avec le Seigneur si cela semble ou pas une bonne chose, et quels sont les motifs de ce désir. Est-ce pour une plus grande croissance en Dieu, ou pour fuir certaines de ses exigences ? Est-ce par appel de l'Esprit, ou par récrimination de notre chair ? Est-ce parce que notre confiance a été réellement trahie, ou parce que le combat de la confiance se fait plus serré ? Est-ce parce que nous ne savons pas encore assez lire la présence de Dieu au sein même des faiblesses de la personne à laquelle nous sommes confiés ? Est-ce, tout simplement, une ruse du Tentateur, qui a tout intérêt à nous écarter de cette personne qui commence à faire du bien à notre âme ?

Dans une telle situation, un partage avec l'accompagnateur devrait également être possible, même si la question le concerne de près. Un guide spirituel n'a pas de mainmise sur l'âme qui lui est confiée. S'il pressent qu'un autre l'aiderait mieux (par mandat divin), il le lui dira. Si ce partage met à jour des difficultés, une étape à franchir, une demande de pardon nécessaire, cela pourra se vivre. Mais jusqu'où ira notre confiance ?

Parmi les dangers, il en est un qui ne surviendra pas forcément tout de suite, mais qui est de réelle importance. Ce danger est à base de peurs. Il consistera à vouloir « cacher » tel événement de notre vie passée, telle tentation, tel péché, par peur d'être jugé ou rejeté par notre accompagnateur spirituel. Cette tentation peut être assez redoutable. A la fois nous voulons tout dire, mais nous avons peur du rejet, du jugement, ou peur de décevoir notre guide, de baisser dans son estime.

Nous n'avons en réalité rien à craindre du regard de notre guide, bien au contraire. Il n'est pas là pour nous jauger d'une façon humaine. Il ne nous aime et ne nous aide pas en fonction de nos mérites, mais parce que nous lui avons été confiés. Un « vrai » guide ne rejettera certes pas quelqu'un du fait d'une faiblesse ou d'un péché. Il ne se complaira pas non plus avec. Le tout est que nous ayons le désir de grandir, et que nous en prenions les moyens. Et l'un des principaux moyens est justement cette vérité dont nous avons déjà parlé.

Il faut également aborder la question affective, qui n'est pas sans inquiéter certains dans leurs relations. Une telle question mériterait qu'on s'y attarde, mais nous ne pourrons que donner quelques pistes.

La dimension affective de notre être est sans doute l'une des plus délicates à gérer, surtout dans le cadre des relations. Délicate ne veut pas dire « négative ». Il ne faut pas poser un regard trop moralisateur ou strict sur la question. Il est normal que nous ayons besoin de mûrir dans ce domaine, le tout est que nous soyons aidés à opérer de façon juste cette maturation.

Mûrir affectivement ne signifie pas devenir indifférent, froid ou privé de tout sentiment. Cette maturation consiste à être libéré d'une mauvaise dépendance, d'une quête affective excessive et aliénante. Le détachement ne consiste pas à ne plus rien éprouver pour quiconque. Tout est une question d'orientation, de liberté intérieure, et de préférer Dieu à tout et tous, en toute circonstance. L'expression « amour de préférence », employée par Jean de la Croix, correspond à merveille à ce que nous désirons faire comprendre par ces quelques mots.

Maintenant, cette dimension affective devra être gérée. Il ne conviendrait certes pas de s'attacher à un accompagnateur au détriment de notre attachement au Seigneur, cela va de soi ! Si cette relation est vécue en Christ, y compris dans sa dimension affective, elle nous fera croître considérablement dans l'amour de Dieu.

Faisons une petite parenthèse, bien que cela ne soit pas vraiment le sujet de ce traité : qu'est-il demandé à un guide spirituel ; qu'avons-nous le « droit » d'attendre de lui ? Cela nous permettra de nous situer de la façon la plus ajustée possible à son égard.

La première chose est ce que nous appelons la grâce d'état. On ne s'improvise pas guide spirituel, on le devient par grâce de Dieu. Ce n'est pas sur décision personnelle que cela se fait. Si on en reçoit la grâce, cela se discerne avec d'autres (si possible avec son propre accompagnateur, ou responsable de paroisse, de communauté, etc.) Cette grâce aura ensuite à être accueillie, mûrie. Cela s'apprend peu à peu.

Le guide spirituel doit avoir une intention pure, et donc un désir réel de charité à l'égard des personnes qui lui sont confiées. Il cherche leur bien, leur croissance. Il ne cherche pas un pouvoir sur elles, ou un profit quel qu'il soit. Son souci est leur croissance. Il ne craint pas de prendre les moyens qui lui semblent bons pour les aider dans ce sens. Cela ne sera pas sans peine pour lui, mais peu lui importe. Le fait d'accompagner d'autres personnes est également une joie, mais il implique un don assez radical de soi, un oubli de son propre intérêt par amour pour ceux que le Seigneur lui confie.

Le guide spirituel aura aussi à coeur de porter ceux qui lui sont confiés dans la prière, et le fera selon ce que son coeur lui dit, à sa manière, dans le secret. Il se fera présent (quel que soit le mode de cette présence), encourageant, exhortant, consolant, etc. Il puisera en Dieu la force et la lumière nécessaires pour la charge qui lui est confiée.

Le discernement est bien évidemment de rigueur. Celui-ci est certes un don de Dieu, mais il s'entretient, par une vie intense de prière, d'écoute du coeur, de formation, de lecture de la Parole de Dieu.

Il faut également que le guide spirituel sache être à la fois exigeant et miséricordieux. L'un ne doit pas aller sans l'autre. Et tout cela, dans l'amour. Lorsque l'on a charge d'âmes, un manque de miséricorde peut être grave. Il convient de poser sur les âmes qui lui sont confiées un regard de plus en plus ajusté à celui du Christ, or le Christ est miséricorde.

Mais qui dit miséricorde ne dit pas aveuglement ou faiblesse. Il convient de savoir reprendre dans la charité, de mettre en lumière certains manquements, d'exhorter. Il faut savoir demander beaucoup, car Dieu demande beaucoup, mais le demander avec sagesse, patience, et par charité.

Ces propos devraient nous rassurer. Ils nous montrent que nous n'avons rien à craindre de cette relation d'accompagnement, si elle est vécue sous le regard de Dieu. Notre guide spirituel aura sans doute lui-même à grandir, à devenir de plus en plus correspondant à sa grâce d'accompagnateur. Il nous est d'une certaine manière demandé de savoir lui faire miséricorde dans les manquements qui pourraient être les siens. L'important est que chacun, aussi bien l'accompagnateur que l'accompagné, ait un désir sincère de correspondre à l'attente du Seigneur sur lui.

V

QUELQUES CONSEILS PRATIQUES

Il ne sera pas inutile, à présent, d'évoquer quelques points pratiques quant au bon vécu de l'accompagnement. Nous nous posons parfois, légitimement, des questions très concrètes qui méritent réponse. Sans doute n'en épuiserons-nous pas tout l'éventail mais nous tâcherons toutefois d'évoquer les plus fréquentes.

« De quoi parle-t-on avec l'accompagnateur ? » Une telle question pourra surprendre certains, qui ne se la sont peut-être jamais posée tant les sujets foisonnent dans leur horizon spirituel. Pour d'autres, il n'en est pas ainsi. Certains peuvent même être freinés par la crainte de ne pas savoir quoi dire à leur guide spirituel...

Il est délicat de donner une liste de sujets, ou d'axes, qu'il conviendrait d'aborder dans l'accompagnement. Fixer les choses par des « règles » n'est pas forcément opportun. En réalité, tous les sujets touchant à notre vie avec Dieu, les autres, et nous-mêmes peuvent être abordés dans l'accompagnement. Il est même souhaitable, comme nous le disions, que nous n'hésitions pas à « ouvrir notre âme » à notre accompagnateur, en toute confiance. Cette ouverture implique, entre autres, un partage verbal.

Le Saint-Esprit nous mettra à coeur, si nous demeurons à son écoute, les points que nous devrions évoquer dans l'accompagnement. Il ne s'agit pas de « tout » dire, scrupuleusement, à notre directeur spirituel. Nous ne pouvons pas lui tenir, en permanence, comme un « journal de bord ». Nous évoquerons donc les questions qui nous semblent importantes (celles-ci pouvant être toutes simples en apparence) pour une croissance en Dieu. A partir de là, les sujets sont fort variables : désirs de nous donner davantage dans telle dimension de notre vie, tentations persistantes, relations avec notre entourage, évolution de notre vie d'oraison, etc.

Il est peut-être nécessaire de rappeler ici que le rôle du directeur spirituel est distinct de celui du confesseur. S'il est bien évidemment possible d'évoquer avec notre guide spirituel les péchés qui sont les nôtres, son rôle ne remplacera cependant jamais (comme dit précédemment) celui de notre confesseur.

Il pourra également arriver que le guide spirituel prenne l'initiative d'une conversation sur tel ou tel sujet dont il pressentirait l'importance pour nous. L'essentiel demeure, de notre côté, d'avoir une disposition d'accueil et de confiance. C'est ainsi que certains entretiens spirituels pourront parfois nous dérouter : nous avions prévu toute une liste de points à partager avec notre guide, et finalement... nous avons parlé de tout autre chose ! Le tout est d'être dociles à la sagesse divine...

« A quel rythme voit-on un guide spirituel ? » Au risque de sembler donner une réponse qui n'en est pas une, il faut dire que cela est fort variable. Tout dépend de ce que nous sommes en train de vivre et du comment Dieu s'y prend avec nous. Il paraît cependant sage que, dans les débuts d'une relation d'accompagnement, les entretiens ne soient pas trop espacés, afin de permettre une croissance relativement rapide dans une connaissance mutuelle. Si cette dernière ne se limite pas à des partages verbaux, elle les inclut cependant.

Certains préféreront fixer un rythme précis de rendez-vous ; d'autres demanderont quand ils en ressentent le besoin. C'est à voir au cas par cas, avec notre guide. Précisons simplement que nous ne sommes pas censés rencontrer notre guide uniquement lorsque nous n'allons pas bien. L'entretien spirituel n'est pas uniquement une « bouée de sauvetage ». Il l'est parfois... mais il ne se réduit pas à cela. Il n'est pas seulement là pour nous conforter et consoler dans notre cheminement. Son but est de favoriser notre croissance, et celle-ci, si elle se fait à travers les difficultés et les épreuves, ne se fait pas uniquement à travers elles. Évoquer, par exemple, un désir tenace qui habiterait notre coeur, en vue d'une « vérification » de celui-ci, puis envisager les moyens concrets de le mettre en oeuvre, peut faire l'objet d'un entretien spirituel, et non des moindres.

« Évoque-t-on, ou non, en accompagnement spirituel, des blessures qui nécessiteraient une guérison intérieure ? Si oui, est-ce à notre guide spirituel de nous aider dans ce cheminement de guérison ? » Question incontournable, ou presque, bien qu'il ne faille surtout pas tout voir en termes de blessures.

Il est pour ainsi dire inévitable qu'émergent, à travers un cheminement à la suite du Christ, certains obstacles qui pourraient, pour certains d'entre eux, relever d'un besoin de guérison intérieure. Il est alors essentiel de les partager à notre guide spirituel. Le discernement lui incombe alors pour voir si ces obstacles nécessitent ou non d'être « gérés » sous la forme d'une guérison intérieure.

Expliquons-nous car le sujet n'est pas toujours bien compris. Tout être est blessé. La guérison intérieure a son intérêt, non seulement parce qu'elle procure un certain soulagement intérieur, mais aussi parce qu'elle est parfois tremplin d'une avancée vers Dieu. Certaines réactions à des blessures sont des freins réels dans notre marche à la suite du Christ.

Il ne faut cependant pas tout mettre sur le dos d'un besoin de guérison intérieure. Il ne faut pas non plus chercher à être guéri de toutes nos blessures. L'important est de rechercher la croissance. Si des blessures l'empêchent, elles sont à considérer. Mais toute blessure n'est pas obstacle à la croissance, loin de là. Cela peut paraître révoltant aux yeux de certains, et pourtant...

Certaines blessures se cicatriseront peu à peu, au long d'un cheminement. C'est ainsi qu'une croissance dans le don de soi, qu'une vie ecclésiale (et pour certains, communautaire), qu'une ouverture à la confiance en Dieu, pourront être en nous une source de guérison, sans qu'il faille vivre un temps spécifique de guérison intérieure.

Si une guérison intérieure était à envisager, sous la forme d'un accompagnement spécifique (durant une session ou un temps un peu plus long), il serait de loin préférable que ce ne soit pas notre guide spirituel qui s'en charge. Un « bilan » de celle-ci lui serait ensuite fait. Comprenons bien que l'accompagnement spirituel et l'accompagnement de guérison intérieure sont deux démarches bien distinctes (et parfois complémentaires).

Une autre question est souvent abordée : celles des relations avec le guide spirituel. Vaste sujet... Certains se demandent tout d'abord s'il est normal ou non que le mode de relations qu'ils ont avec leur accompagnateur ne soit pas identique à celui qu'ils ont avec d'autres personnes. Il faut répondre : oui et non !

Oui, car les relations que nous avons avec telle ou telle personne sont marquées par le degré et le type de communion que nous avons avec elles. La communion avec un guide spirituel a sa spécificité. De ce fait, il serait crroné d'attendre que les relations n'en soient pas marquées. Un guide spirituel n'est pas un « copain », ni même un « simple » frère. Il exerce à notre égard un rôle bien particulier que nous avons déjà largement évoqué.

Oui et non, disions-nous... Non, car nos relations aux autres sont également marquées par des peurs ou difficultés indépendantes de la communion que nous avons avec eux. Notre relation à l'autorité est particulièrement délicate à gérer. Nous avons bien souvent du mal à nous situer. C'est humainement parlant tout à fait normal, mais il convient de chercher dans ce domaine une certaine maturation.

Certains n'osent pas être simples avec leur guide spirituel, sont gênés ou intimidés en sa présence. Or, il n'est pas déconseillé, bien au contraire, d'entretenir avec notre accompagnateur une relation empreinte de simplicité, si celle-ci demeure respectueuse (comme toute relation devrait l'être).

« Arrive-t-il qu'il faille changer de guide spirituel ? » Oui... mais encore faut-il poser un bon discernement sur les motifs d'un tel changement. Certaines difficultés traversées dans l'accompagnement sont invitées à être dépassées, dans un souci de fidélité à la grâce de Dieu. Mais, dans certaines circonstances, l'arrêt d'une relation d'accompagnement est souhaitable.

Le premier cas de figure est une trahison réelle de confiance. Les modes de cette trahison peuvent être variés. Une telle expérience, certes douloureuse, n'a pas à être prolongée, fût-ce dans un souci de fidélité. Une relation d'accompagnement est là pour nous faire grandir, non pour nous étouffer, nous paralyser ou nous heurter dans la confiance en laquelle nous désirons grandir.

Le second cas de figure est une intervention divine : parfois, le Seigneur met sur notre route une autre personne dont nous pressentons qu'elle nous est donnée comme guide. Cela n'est pas fréquent. Lorsque c'est le cas, il faut se laisser guider par la sagesse divine, après avoir bien mesuré dans la prière les éléments de notre choix.

Enfin, mais seulement dans certaines situations, l'éloignement géographique pourra être un motif. Notre guide déménage (ou nous déménageons). Parfois, l'accompagnement peut se poursuivre, à distance (par courrier, téléphone, etc.) Mais pour certains, ce n'est pas très viable : soit du côté de la personne accompagnée, soit du côté de l'accompagnateur. Dieu tient compte de ce que nous sommes, et il convient que nous en fassions autant, dans un souci de mieux nous donner.

CONCLUSION :

OUVERTURE À LA VIE FILIALE

Nous n'avons guère épuisé le sujet. Il est cependant une dimension sur laquelle nous aimerions nous pencher encore quelques instants : celle de la confiance filiale. Si nous choisissons de conclure ce traité sur ces mots, c'est du fait de l'importance et de la beauté de cette dimension.

Comme nous l'avons déjà dit, la confiance est l'une des conditions essentielles de la fécondité d'un accompagnement. Mais il conviendrait à présent d'ajouter qu'elle en est également un fruit, et non des moindres. Une relation de direction spirituelle, si elle est vécue dans une certaine profondeur, aide l'âme à grandir dans son être filial. Qui plus est lorsque cet accompagnement évolue en une relation de paternité (ou maternité) spirituelle.

Notre identité est profondément filiale. Or la confiance est l'attitude filiale par excellence. Elle nous place sous le regard du Père. Loin de nous laisser inactifs, elle permet un don plus radical de nous-mêmes. On comprend combien elle est désirable... mais on ne le saisit vraiment qu'à la mesure de ce qu'on en vit, ou veut en vivre.

Si nous avons une grâce à demander au Seigneur, pour l'accompagnement spirituel, et plus largement pour toute notre vie, c'est bien celle d'une plus grande confiance, d'un plus grand abandon entre ses mains.

Aussi, pour achever ce traité, unissons nos coeurs à ce si beau Psaume. Réfugions-nous pour cela dans le Coeur de Marie, notre Mère, pour que par elle nous vivions de plus en plus librement et paisiblement sous le regard aimant de notre Père :

« Seigneur, je n'ai pas le coeur fier,
ni le regard hautain.
Je n'ai pas pris un chemin de grandeurs
ni de prodiges qui me dépassent.
Non, je tiens mon âme en paix et silence ;
comme un enfant contre sa mère,
comme un petit enfant, telle est mon âme en moi.
Mets ton espoir, Israël, dans le Seigneur,
dès maintenant et à jamais ! » (Ps 131).

TABLE DES MATIÈRES

POUR APPROFONDIR LE SUJET...

* Père Marie-Eugène de l'Enfant-Jésus, *Je veux voir Dieu* (Éditions du Carmel).

* *Vives Flammes* n° 221, *L'accompagnement spirituel* (Éditions du Carmel).

* *Oeuvres complètes* de sainte Thérèse d'Avila (Éditions du Seuil).

* *Oeuvres spirituelles* de saint Jean de la Croix, (Éditions du Seuil).

* *Oeuvres* de saint François de Sales (Éditions Gallimard).

* Père Monier, *Exercices spirituels* (Éditions du Cerf).

* Père Surin, *Guide spirituel pour la perfection* (Éditions Desclée de Brouwer).

* Philippe Madre, *S'aimer soi-même* (Éditions des Béatitudes).

* Pierre Guérin, *Traité de la direction spirituelle* (Collection Héritage, Éditions des Béatitudes).

POUR ALLER PLUS LOIN...

Cette collection intitulée « Petits Traités Spirituels » a pour but de vous aider à approfondir votre vie de foi et de prière au sein de l'Église. Ainsi, et pour qu'elle puisse réellement répondre à vos besoins, nous vous invitons à :

* nous poser - par écrit - d'éventuelles questions quant à tel ou tel sujet abordé dans l'un des fascicules.

* nous suggérer des thèmes qui vous intéresseraient.

* nous envoyer des cassettes (ou manuscrits) susceptibles de faire l'objet de tels traités.

N'hésitez pas non plus à nous écrire pour nous confier les questions, détresses et souffrances qui vous habitent. Nous les exposerons, avec vous, à la Compassion de notre Dieu, dans l'adoration et l'intercession quotidiennes. Nous pourrons aussi vous apporter une réponse par courrier, si vous le désirez.

« Petits Traités Spirituels »
Communauté des Béatitudes
81170 - CORDES
(merci de joindre une enveloppe timbrée)

Dans la même collection :

*** Série I « Vie dans l'Esprit »**

1- Soeur Marie-Laetitia, *Découvrir l'oraison.*
2- Évelyne Madre, *L'abandon à la Providence.*
3- Doudou, *Évangéliser - canon 211, 1ère partie.*
4- Soeur Marie-Laetitia, *Le secret de la joie.*
5- Soeur Thérèse, *Amour et sacrifice.*
6- Dominique et Élisabeth Lemaître, *Le sens du jeûne.*
7- Doudou, *Évangéliser - canon 211, 2ème partie.*
8- Monseigneur Gilles Barthe, *L'enfance spirituelle.*
9- Soeur Marie-Laetitia, *Le pari de la douceur.*
10- Père Jean-Paul Regimbal, *Huit fois bienheureux !*
11- Père Pierre Dumoulin, *Sois mon témoin.*
12- Père Joseph Boishu, *Notre Père.*
13- Philippe Madre, *La simplicité de coeur.*

*** Série II « Renouveau et charismes »**

1- Philippe Madre, *Aspirez aux charismes.*
2- Philippe Madre, *Discernement des esprits.*
3- Georgette Blaquière, *A la louange de sa gloire.*
4- Père Emiliano Tardif, *Le charisme de guérison.*
5- Philippe Madre, *Le charisme de connaissance.*
6- Philippe Madre, *Le charisme de foi.*
7- Frère Claude-Jean-Marie Fould, *Prier en langues.*

*** Série III « Vierge Marie »**

1- Père Daniel Lacouture, *Plus Mère que Reine* (épuisé).
2- Père Étienne Richer, *Marie sourire de Dieu* (épuisé).
3- Père Pierre Dumoulin, *Le Magnificat - école de prière.*
4- Jean-Claude Michel, *L'assomption de Marie.*

*** Série IV « Doctrine et Foi »**

1- Père Étienne Michelin, *La foi en action - 1ère partie.*

2- Père Étienne Michelin, *La foi en action - 2ème partie.*
3- Père Étienne Richer, *La force de l'espérance.*

*** Série V « Groupes de prière »**

1- Philippe Madre, *Prières pour la guérison.*
2- Philippe Madre, *Grâce prophétique des groupes de prière.*
3- Jackie Desbois, *Lettre à un dépressif.*
4- Louis Sahuc, *La grâce d'écouter.*
5- Philippe Madre, *Prières pour assemblée.*
6- Fernand Braün, *Dieu et l'argent.*
8- Père Pierre-Marie Soubeyrand, *L'accueil de l'Esprit.*

Série VI « Vie consacrée »

1- Père Étienne Richer, *Sacerdoce mon amour.*
2- Père Bernard Ducruet, *Le combat spirituel.*
3- Père Dominique Hermant, *L'art de durer.*
4- Janine Hourcade, *Écoute ! Il t'appelle* (épuisé).
5- D'après le Père Molinié, *Naître de nouveau.*
6- Père Bernard Ducruet, *La paix du coeur.*
7- Père Bernard Ducruet, *L'humilité - selon saint Benoît.*
8- Père Bernard Ducruet, *L'autorité en communauté.*
9- Père Bernard Ducruet, *L'obéissance retrouvée.*
10- Père Bernard Ducruet, *La vie en communauté.*

Série VII « Église et sacrements »

1- Monseigneur Jean Cadilhac, *Aimer l'Église, pourquoi ?*
2- Philippe Madre, *Conduits par l'Esprit.*
3- Père José Rodier, *Le charisme du pasteur.*
4- Père Pierre Dumoulin, *Pour comprendre la Messe* (épuisé).
5- Père Étienne Richer, *Aimer Israël, pourquoi ?*
6- Cardinal R. Coffy, *Mystère de l'Eucharistie - 1ère partie.*
7- Cardinal R. Coffy, *Mystère de l'Eucharistie - 2ème partie.*
8- Père Dominique Hermant, *Les signes de Dieu.*
9- Père Pierre Dumoulin, *Source de Vie - les Sacrements.*

Achevé d'imprimer en avril 1998
sur les presses de l'Imprimerie Bussière
à Saint-Amand (Cher)

N° d'impression : 969.
Dépôt légal : avril 1998.
Imprimé en France